ADDITIONS ET MODIFICATIONS

Mises au courant jusqu'au mois de mai 1930.

LIVRE PREMIER

DE LA LIQUIDATION ET DU PARTAGE DES SUCCESSIONS

PREMIÈRE PARTIE

DE LA TRANSMISSION DES BIENS PAR HÉRÉDITÉ.

17. Présomptions de survie. — Circonstances de fait. — Les présomptions légales de survie ne doivent pas être appliquées s'il résulte des circonstances de fait que certaines personnes ayant péri dans le même événement ont dû survivre (Cass. civ., 8 mars 1928, R. 21720).

26. Présomptions de survie. — Époux ayant péri dans le même événement. — Les présomptions de survie ne sont applicables que si les personnes qui ont péri ensemble étaient respectivement appelées à la succession l'une de l'autre; ainsi elles ne sauraient être invoquées dans le cas où, deux époux ayant péri ensemble, le mari seul était, à défaut de parents au degré successible, héritier présomptif de sa femme, alors que celle-ci ne se trouvait pas appelée à la succession de son mari (Seine, 1er février 1927, R. 21349).

164. Succession collatérale — Dévolution jusqu'au 12e degré. — Incapacité de tester. — *Adde in fine :* L'incapacité de tester, prévue par la loi comme étant de nature à faire maintenir jusqu'au douzième degré la vocation successorale, ne résulte pas d'une incapacité purement temporaire et causée par l'affaiblissement des facultés intellectuelles du *de cujus* survenu peu de temps avant le décès (Riom, 28 janvier 1924, R. 20639. Voir *Étude pratique*, R. 22035).

180. Retour légal. — Père et mère naturels. — *A modifier ainsi :* Les père et mère de l'enfant naturel n'ont pas droit au retour légal, l'art. 747 C. civ. ne concernant que les ascendants légitimes (Voir Aubry et Rau, § 608-23; Demolombe, XIII, 496; Laurent, IX, 171; Huc, V, 80; Baudry-Lacantinerie et Wahl, I, 553. *Contra* Marcadé, 742-2; Duranton, VI, 221). Même depuis la loi du 25 mars 1896, il y a lieu de le décider ainsi, puisque cette loi n'a pas modifié l'article 747 C. civ. (Rennes, 6 avril 1921, R. 20194).

DEFRÉNOIS

TRAITÉ PRATIQUE

ET FORMULAIRE

DES

LIQUIDATIONS

ET

PARTAGES

ADDITIONS ET MODIFICATIONS

mettant au courant la 6ᵉ édition

PRIX : **6 francs,** *franco*

ADMINISTRATION DU RÉPERTOIRE GÉNÉRAL PRATIQUE DU NOTARIAT
ET DE L'ENREGISTREMENT

40, rue d'Assas, 40

PARIS-VIᵉ

Téléphone : Littré 80.30

Compte-courant postal : 30-38. — Paris

1930

240. Enfant naturel. — Concours avec descendants légitimes. — Quotité héréditaire. — Mode de calcul. — Le mode de calcul indiqué au n° 240 ainsi que l'application qui en est faite au n° 241, relativement aux droits des enfants naturels en concours avec des descendants légitimes dans la succession de leurs père ou mère, nous paraît entièrement conforme au texte de l'article 758 C. civ. qui fixe les droits héréditaires de l'enfant naturel à la moitié de la portion héréditaire qu'il aurait eue s'il eût été légitime. Il a été cependant critiqué par le motif que l'enfant naturel ne reçoit pas de cette manière la moitié de la part d'un enfant légitime et on a proposé de compter chaque enfant légitime pour deux et chaque enfant naturel pour un, de diviser la succession en un nombre de parts égal au total ainsi obtenu et d'attribuer à chaque enfant légitime deux parts et à chaque enfant naturel une part. Par suite, en présence d'un enfant naturel et d'un enfant légitime, l'enfant naturel aurait droit à 1/3 et l'enfant légitime à 2/3 ; en présence de 2 enfants naturels et de 2 enfants légitimes, chaque enfant naturel à 1/6 et chaque enfant légitime à 2/6 ; en présence de 4 enfants naturels et de 2 enfants légitimes, chaque enfant naturel à 1/8 et chaque enfant légitime à 2/8 (Aubry et Rau, § 605-9 ; Huc, V, 96 ; Planiol, III, 1885 ; T. Wassy, 31 octobre 1923, R. 20538).

294. Frères et sœurs naturels. — Les enfants naturels ne peuvent être appelés à recueillir, en vertu de l'article 766 C. civ., la succession de leurs frères ou sœurs naturels, qu'autant qu'ils ont été les uns et les autres régulièrement reconnus, soit volontairement soit judiciairement ; en conséquence, une enfant naturelle non reconnue ne saurait, pour revendiquer la succession de sa sœur naturelle, également non reconnue, être admise à établir, par des moyens de preuve autres qu'un acte ou un jugement de reconnaissance, les liens de filiation qui les unissaient l'une et l'autre à leur mère commune (Cass. civ., 9 mars 1926, R. 21141).

299. Frères et sœurs légitimes. — Retour légal. — Le droit de retour légal, établi par l'article 766 C. civ. au profit des frères et sœurs légitimes de l'enfant naturel décédé sans postérité, s'exerce sur les biens recueillis par l'enfant naturel dans la succession *ab intestat* de ses auteurs (T. Tulle, 19 janvier 1924, R. 20648).

305. Prédécès des frères et sœurs légitimes. — Il a été jugé que le droit de retour légal, en cas de prédécès des frères et sœurs légitimes, profite à leurs descendants légitimes (T. Tulle, 19 janvier 1924, R. 20648). L'opinion contraire qui a pour elle un arrêt de la Cour de cassation du 1ᵉʳ juin 1853 est plus généralement admise.

326. Conjoint survivant. — Législation antérieure. — La loi du 9 mars 1891 qui a accordé au conjoint survivant dans la succession de son époux prédécédé un droit héréditaire en usufruit a été modifiée par la loi du 29 avril 1925 qui a augmenté les droits d'usufruit du conjoint survivant lorsqu'il est en concours avec des ascendants ou des collatéraux.

331. Enfants du mariage. — 4ᵉ *ligne, supprimer les mots* : les enfants naturels, s'ils ne sont pas en concours avec les enfants légitimes. — *Ajouter à la fin du paragraphe* : Les enfants naturels supportent également l'usufruit pour moitié (*infra*, n° 339).

333. Ascendants et collatéraux privilégiés. — *A modifier ainsi* : Si l'époux, prédécédé sans aucun enfant issu du mariage ou de précédents mariages, a laissé des ascendants ou des frères et sœurs ou des descendants de frères et sœurs, le conjoint survivant a droit à moitié en usufruit (Loi 29 avril 1925). L'usufruit est supporté par chacun des héritiers, dans la proportion de ses droits héréditaires, sans qu'il puisse éventuellement en résulter une atteinte à la réserve des ascendants.

333 *bis* (n° *ajouté*). **Collatéraux non privilégiés.** — Si le conjoint prédécédé n'a laissé ni enfants légitimes ou naturels, ni descendants légitimes d'enfant naturel, ni ascendants, ni frères ou sœurs ou descendants de frères et sœurs, mais seulement des collatéraux non privilégiés, le survivant a droit à l'usufruit de la totalité de la succession (Loi 29 avril 1925).

333 *ter* (n° *ajouté*). **Ascendants et collatéraux non privilégiés.** — Lorsque le conjoint a laissé des ascendants dans une ligne et des collatéraux non privilégiés dans l'autre, il y a controverse quant à la quotité de l'usufruit du survivant à l'égard des collatéraux. Suivant le système qui semble préférable, bien que la loi ne fasse pas de distinction, elle doit être appliquée distributivement dans chaque ligne. A l'égard de la ligne où se trouve l'ascendant, le conjoint a droit à l'usufruit de moitié de la fraction recueillie par l'ascendant, mais à l'égard de la ligne où ne se trouve que des collatéraux non privilégiés, il a droit à l'usufruit de la totalité de la quote-part afférente à cette ligne, de sorte qu'il lui revient au total 3/4 en usufruit. Suivant un autre système, le conjoint survivant a droit seulement, en ce cas, à une moitié en usufruit, aussi bien à l'égard des collatéraux qu'à l'égard des ascendants.

334. Père ou mère usufruitier. — *A modifier ainsi :* Lorsque le père — ou la mère — est en concours avec des collatéraux, autres que les frères et sœurs ou descendants d'eux, il a droit à l'usufruit du tiers des biens auxquels il ne succède pas en propriété (C. civ. 753), et, d'autre part, suivant le système exposé ci-dessus, le conjoint a droit à l'usufruit de la totalité de la part dévolue aux collatéraux non privilégiés ; mais, sur cette part, il est tenu de laisser l'usufruit du père ou de la mère s'exercer par préférence au sien, car, pourvu qu'il recueille une moitié en usufruit, il reçoit tout ce que la loi lui accorde *à l'égard du père ou de la mère.* Dès lors, sur la fraction dévolue aux collatéraux, le père ou la mère a le droit d'exercer un droit d'usufruit pour un tiers ; les deux autres tiers reviennent en usufruit au conjoint et celui-ci a droit, en outre, à l'usufruit éventuel du tiers dévolu au père ou à la mère, après le décès du premier usufruitier. Par conséquent, le père ou la mère a droit à 12/48 en pleine propriété, à 12/48 en nue propriété, l'usufruit au conjoint, et à 8/48 en usufruit. Le conjoint a droit en usufruit : sur la fraction revenant à l'ascendant, à 12/48 ; sur celle revenant aux collatéraux, à 16/48 immédiatement et à 8/48 éventuellement, après le décès de l'ascendant. Les collatéraux ont droit en nue propriété à 24/48 grevés pour 16/48 par l'usufruit du conjoint et pour 8/48 par l'usufruit successif du père et du conjoint. Si l'on s'en tient au système qui n'accorde au conjoint qu'une moitié en usufruit en présence d'ascendants et de collatéraux non privilégiés, les droits des parties sont les suivants, dans l'hypothèse ci-dessus envisagée : père ou mère : 12/48 en pleine propriété, 12/48 en nue propriété, 8/48 en usufruit ; conjoint : en usufruit, sur la part de l'ascendant, 12/48, sur la part des collatéraux, 12/48 ; collatéraux : en nue propriété, 20/48 ; en pleine propriété, 4/48.

343. Imputation des libéralités. — *Adde in fine :* Dans tous les cas, le disposant peut dispenser son conjoint de faire cette imputation jusqu'à concurrence de la quotité disponible entre époux (Rouen, 12 février 1926, R. 21170. Voir aussi Seine, 22 juillet 1922, R. 20366. *Contra,* Baudry-Lacantinerie et Wahl, I, 587 ; Colin et Capitant, III, p. 415 ; Huc, V. 129).

344. Mode d'imputation. — Le tribunal de Grenoble, par jugement du 6 mai 1927 (R. 21395), s'est prononcé dans le sens du second système indiqué au n° 344 ; il a décidé que l'imputation sur l'usufruit légal du conjoint survivant des libéralités que celui-ci a reçues de son conjoint en pleine propriété doit être opérée en évaluant ce que ces libéralités représentent en usufruit et spécialement en calculant le chiffre de la rente viagère que procurerait au survivant l'aliénation de la pleine propriété dont il a été gratifié et que, si ce chiffre n'atteint pas le montant des revenus produits par l'usufruit légal, le conjoint a droit à un complément d'usufruit pour la différence.

353 Conjoint et collatéraux. — Les exemples donnés sous ce numéro ne s'appliquent qu'au conjoint qui se trouve en concours avec des collatéraux privilégiés, c'est-à-dire les frères et sœurs ou descendants d'eux, puisque, s'il se trouve en concours avec d'autres collatéraux, il a droit à l'usufruit de la totalité de la succession, *supra* n° 333 *bis*.

361. Conversion en rente viagère. — **Action en rescision pour cause de lésion.** — Le conjoint survivant dont l'usufruit a été transformé en une rente viagère, conformément à l'article 767 C. civ., n'est pas recevable à attaquer l'acte de conversion d'usufruit par l'action en rescision pour cause de lésion de plus du quart, le conjoint, en ce cas, n'étant ni héritier ni copartageant, mais simplement créancier des héritiers du défunt, en raison de l'effet rétroactif de la conversion (Nancy, 28 janvier 1925, R. 20874).

456. Acceptation. — **Prescription.** — Décidé que l'héritier, appelé à une succession et qui est demeuré trente ans sans faire acte d'héritier, est définitivement renonçant, et dès lors, il est sans qualité pour demander la nullité de la vente d'un immeuble dépendant de la succession (Cass. req., 15 janvier 1929, R. 22139).

490. Acceptation tacite. — **Nantissement de valeurs héréditaires.** — **Procuration pour continuer le commerce.** — Jugé qu'on doit considérer comme des actes emportant acceptation tacite de la succession le fait par les héritiers d'un commerçant de consentir à un employé une procuration conçue dans les termes les plus larges pour continuer le commerce et non pas seulement pour procéder aux opérations courantes et le fait de donner en nantissement à une banque, où leur auteur avait un compte débiteur, des valeurs mobilières dépendant de la succession pour garantir les opérations passées et futures avec la Banque; dès lors, si, postérieurement à ces actes, les héritiers ont déclaré renoncer à la succession, leur renonciation est sans effet (Paris, 13 janvier 1927, R. 21445). De même, le fait par un successible de discuter et d'arrêter, en le signant, le compte de gestion de son auteur, agent d'une Compagnie d'assurances, contradictoirement avec un représentant de la Compagnie, constitue un acte d'acceptation tacite de la succession; dès lors, l'acceptation ultérieure sous bénéfice d'inventaire faite par ce successible est inopérante (T. Coutances, 5 décembre 1928, R. 22152).

509. Recélé. — **Caractère.** — Ne sont pas passibles de la peine du recélé, les légataires universels qui ont omis de déclarer l'existence de valeurs mobilières dépendant de la succession, alors que ces valeurs étaient renfermées dans deux enveloppes portant chacune le nom d'un des légataires, avec mention, signée du *de cujus*, que les valeurs appartenaient à ce légataire (Cass. req., 18 juin 1923, R. 20510). Il en est de même du successible qui, à l'insu de ses cohéritiers, mais sans intention frauduleuse démontrée, a adressé à des banques étrangères des lettres leur interdisant de donner des renseignements à qui que ce soit au sujet des valeurs héréditaires déposées à ces banques (Cass. req., 20 février 1924, R. 20709).

512. Ibid. — **Immeubles.** — Les pénalités du recel sont applicables lorsqu'il concerne des immeubles de la succession, notamment en cas de vente fictive d'un immeuble à un tiers qui doit le rétrocéder à l'un des héritiers (Paris, 28 novembre 1898; Caen, 31 mars 1924; Lyon, 5 février 1925, R. 10728, 20982, 21062).

513. Ibid. — Don manuel. — La pénalité du recel est encourue par l'héritier qui intentionnellement omet dans l'inventaire de déclarer un don manuel (Cass. req., 24 décembre 1924, R. 20826).

514. Ibid. — Donation déguisée. — Décidé que l'héritier commet un recel lorsqu'il s'abstient de déclarer les donations déguisées dont il a été gratifié par le *de cujus* et résultant spécialement de la quittance d'un prix de vente qui, en réalité, n'a pas été payé et d'une renonciation à succession consentie par le *de cujus* pour avantager cet héritier (Cass. req, 24 décembre 1924, R. 20826).

519. Ibid. — Époque. — *Adde in fine :* Il en est ainsi de la vente d'un immeuble qui a été consenti fictivement par le *de cujus* à un tiers avec rétrocession également fictive de cet immeuble par l'acquéreur apparent à l'héritier (Cass. req., 22 octobre 1928, R. 21906. V. aussi Cass. civ., 9 juillet 1929, R. 22251).

594. Rétractation de renonciation. — Légataire universel. — *Adde in fine :* Mais le légataire universel qui a renoncé au legs à lui fait par le défunt dont la succession également répudiée par les héritiers *ab intestat* appelés en première ligne, se trouve de ce fait dévolue au conjoint survivant, peut valablement rétracter sa renonciation jusqu'à ce que le conjoint survivant ait obtenu son envoi en possession par jugement; il ne suffit pas, pour mettre obstacle à la rétractation, que le conjoint ait demandé l'envoi en possession et qu'un premier jugement ait ordonné les mesures de publicité prescrite par l'article 770 C. civ. (T. Pontoise, 11 mai 1927, R. 21457). De même, l'héritier réservataire qui a renoncé à la succession peut revenir sur sa renonciation et accepter utilement, malgré l'existence d'un légataire universel, tant que ce dernier n'a pas obtenu son envoi en possession ou la délivrance de son legs (Cass. civ., 16 nov. 1927, R. 21610).

614. Bénéfice d'inventaire. — Mineur devenu majeur. — Déclaration. — Le mineur, appelé à une succession, jouit de plein droit du bénéfice d'inventaire, même si son représentant légal n'a pas accompli les formalités imposées par la loi à cet effet, notamment la déclaration au greffe du tribunal civil; mais ce privilège prend fin avec l'état de minorité et, dès lors, le mineur devenu majeur, s'il veut conserver le bénéfice d'inventaire, est tenu d'en remplir les formalités dans le délai fixé par l'article 795 C. civ., ou tout au moins dans les nouveaux délais qui lui auraient été accordés par le juge; à défaut, il doit être considéré comme héritier pur et simple; il en est ainsi surtout s'il a, après sa majorité, fait un acte de disposition impliquant de sa part une acceptation sans réserve (Paris, 23 juillet 1925, R. 20995).

DEUXIÈME PARTIE

895. Testament. — **Clause d'indivision.** — Conformément à la doctrine et à la jurisprudence rapportées au n° 895, il a été jugé que la condition de demeurer dans l'indivision pendant cinq ans imposée dans un testament par le *de cujus* à ses héritiers doit être réputée non écrite comme contraire à la loi et que la clause pénale ayant pour but d'assurer l'exécution de cette condition doit être également sans effet (Seine, 17 juillet 1925, R. 21104).

902. Partage. — **Prescription.** — Lorsque, à la suite du partage d'une succession, un des cohéritiers s'est mis en possession d'un immeuble successoral et en a eu la jouissance exclusive pendant de nombreuses années — en l'espèce pendant trente-cinq ans, — sans opposition de la part de ses cohéritiers, bien que cet immeuble n'ait pas figuré dans l'acte de partage, il y a présomption que cette omission est le résultat d'un simple oubli; et l'acte de partage constituant un commencement de preuve par écrit, cette présomption est suffisante pour faire admettre que l'immeuble a été réellement compris dans les attributions; en conséquence, n'est pas recevable la nouvelle demande en partage relative à l'immeuble omis (Montpellier, 18 juin 1924, R. 20809).

928. Partage. — **Date de l'estimation.** — Conformément à la pratique généralement admise et conforme à la doctrine, il a été décidé que l'évaluation des valeurs mobilières devait être faite en se plaçant au jour du partage (Lyon, 2 avril 1925, R. 21133) ou à la date la plus rapprochée du partage (Paris, 29 juin 1927, R. 21623; Seine, 6 décembre 1928, R. 22110). Cependant il a été jugé que les valeurs mobilières devaient être estimées au jour du décès et non au jour fixé pour la jouissance divise (Seine, 17 novembre 1923, R. 20518).

931. Partage. — **Fruits.** — **Répartition.** — Il convient de répartir entre tous les copartageants, au prorata de leurs droits héréditaires, les fruits produits depuis le décès par l'ensemble des biens indivis; l'attribution distincte à chaque copartageant des fruits provenant exclusivement des biens mis dans son lot est critiquable lorsque les biens de chaque lot n'ont pas produit des revenus égaux, les attributaires de valeurs à faible revenu se trouvant ainsi désavantagés (Paris, 28 avril 1924, R. 20698).

951. Assurance sur la vie. — Lorsqu'une assurance sur la vie a été souscrite au profit des « héritiers directs » de l'assuré, cette expression ne doit pas nécessairement être réputée synonyme du mot « enfants »; il y a lieu de rechercher, en fait, s'il existe, au moment où le contrat doit recevoir effet, d'autres parents ayant la qualité d'héritiers directs (Cass. civ., 28 décembre 1927, R. 21685).

1000. Taxe successorale. — La taxe successorale doit être prélevée sur la masse héréditaire préalablement à tout partage et à toute dévolution; dès lors, elle doit figurer à la masse passive et il n'y a pas lieu, comme pour les droits de mutation par décès proprement dits, d'en faire opérer le rétablissement à la masse active par les héritiers chacun pour sa part (T. Rouen, 27 juillet 1925, R. 21036. Voir Prat. not. R. 20992). Par suite l'usufruitier universel ou à titre universel doit y contribuer suivant l'un des modes fixés par les articles 612 et suiv. C. civ., notamment en prélevant le montant de la taxe sur l'actif successoral (T. Valenciennes, 18 novembre 1925, R. 21037. Voir aussi T. Charolles, 31 juillet 1925, R. 21039). Jugé que dans le cas où un testateur possédant certains biens en pleine propriété et d'autres en nue propriété, a légué à l'usufruitier de ces derniers biens l'usufruit de toute sa succession et a institué un tiers légataire universel, le légataire en usufruit ne doit contribuer au paiement de la taxe successorale que pour les biens dépendant de la succession en pleine propriété, mais non pour ceux dont l'usufruit lui appartenait déjà personnellement (Paris, 16 juin 1925, R. 20963).

1018. Honoraires des notaires. — Taux. — *A modifier ainsi :* En vertu de deux décrets en date du 29 janvier 1927, l'un spécial au département de la Seine, l'autre aux autres départements, les honoraires proportionnels, fixés par le tarif légal de 1898, ont été augmentés : pour le département de la Seine : Première tranche ou tranche unique : 40 p. 100; deuxième tranche, 25 p. 100; troisième tranche et tranches suivantes, 10 p. 100; pour les autres départements : première tranche et tranche unique; de 1 à 20.000 fr., 125 p. 100; de 20.000 à 50.000 fr., 75 p. 100; au-dessus, 50 p. 100; deuxième tranche, jusqu'à 200.000 fr., 40 p. 100; au-dessus de 200.000 fr., 25 p. 100; troisième tranche et tranches suivantes : 25 p. 100. Par suite, les honoraires applicables au partage sont ainsi fixés :

A. *Partage avec ou sans liquidation.*

Bastia : 2,25 p. 100 de 1 à 20.000 fr.; 0,70 p. 100 de 20.000 à 50.000 fr.; 0,3125 p. 100 de 50.000 à 5 millions; 0,15625 p. 100 au-dessus.

Nîmes : 2,25 p. 100 de 1 à 20.000 fr.; 1,75 p. 100 de 20.000 à 50.000 fr.; 0,84 p. 100 de 50.000 à 100.000 fr.; 0,375 p. 100 de 100.000 à 5 millions; 0,15625 p. 100 au-dessus.

Riom : 2,25 p. 100 de 1 à 20.000 fr.; 1,75 p. 100 de 20.000 à 50.000 fr.; 1,05 p. 100 de 50.000 à 100.000 fr.; 0,625 p. 100 de 100.000 à 300.000 fr.; 0,3125 p. 100 de 300.000 à 3 millions; 0,15625 p. 100 au-dessus.

Amiens, Dijon : 2,25 p. 100 de 1 à 20.000 fr.; 1,75 p. 100 de 20.000 à 50.000 fr.; 1,50 p. 100 de 50.000 à 100.000 fr.; 1,05 p. 100 de 100.000 à 200.000 fr.; 0,625 p. 100 de 200.000 à 500.000 fr.; 0,3125 p. 100 de 500.000 à 5 millions; 0,15625 p. 100 au-dessus.

Caen, Montpellier, Nancy : 2,25 p. 100 de 1 à 20.000 fr.; 1,75 p. 100 de 20.000 à 50.000 fr.; 1,50 p. 100 de 50.000 à 100.000 fr.; 0,70 p. 100 de 100.000 à 300.000 fr.; 0,3125 p. 100 de 300.000 à 5 millions; 0,15625 p. 100 au-dessus.

Douai : 2,25 p. 100 de 1 à 20.000 fr.; 1,75 p. 100 de 20.000 à 50.000 fr.; 1,50 p. 100 de 50.000 à 100.000 fr.; 0,70 p. 100 de 100.000 à 300.000 fr.; 0,625 p. 100 de 300.000 à 400.000 fr.; 0,3125 p. 100 de 400.000 à 5 millions; 0,15625 p. 100 au-dessus.

Aix, Angers, Limoges, Orléans, Poitiers, Rouen : 2,25 p. 100 de 1 à 20.000 à 50.000 fr.; 1,75 p. 100 de 20.000 à 50.000 fr.; 1,50 p. 100 de 50.000 à 100.000 fr.; 0,70 p. 100 de 100.000 à 300.000 fr.; 0,625 p. 100 de 300.000 à 500.000 fr.; 0,3125 p. 100 de 500.000 à 5 millions; 0,15625 p. 100 au-dessus.

Pau : 2,25 p. 100 de 1 à 20.000 fr.; 1,75 p. 100 de 20.000 à 50.000 fr.; 1,50 p. 100 de 50.000 à 150.000 fr.; 0,70 p. 100 de 150.000 à 350.000 fr.; 0,625 p. 100 de 350.000 à 500.000 fr.; 0,3125 p. 100 de 500.000 à 5 millions; 0,15625 p. 100 au-dessus.

Agen, Besançon, Bourges, Chambéry, Grenoble, Paris, Rennes : 2,25 p. 100 de 1 à 20.000 fr.; 1,75 p. 100 de 20.000 à 50.000 fr.; 1,50 p. 100 de 50.000 à 200.000 fr.; 0,70 p. 100 de 200.000 à 400.000 fr.; 0,625 p. 100 de 400.000 à 500.000 fr.; 0,3125 p. 100 de 500.000 à 5 millions; 0,15625 p. 100 au-dessus.

Lyon : 2,25 p. 100 de 1 à 20.000 fr.; 1,75 p. 100 de 20.000 à 50.000 fr.; 1,50 p. 100 de 50.000 à 300.000 fr.; 1,05 p. 100 de 300.000 à 500.000 fr.; 0,9375 p. 100 de 500.000 à 600.000 fr.; 0,625 p. 100 de 600.000 à 1 million; 0,3125 p. 100 de 1 à 5 millions; 0,15625 p. 100 au-dessus.

Toulouse : 2,25 p. 100 de 1 à 20.000 fr.; 1,75 p. 100 de 20.000 à 50.000 fr.; 1,50 p. 100 de 50.000 à 300.000 fr.; 0,70 p. 100 de 300.000 à 500.000 fr.; 0,625 p. 100 de 500.000 à 600.000 fr.; 0,3125 p. 100 de 600.000 à 5 millions; 0,15625 p. 100 au-dessus.

Bordeaux : 2,25 p. 100 de 1 à 20.000 fr.; 1,75 p. 100 de 20.000 à 50.000 fr.; 1,50 p. 100 de 50.000 à 500.000 fr.; 1,05 p. 100 de 500.000 à 700.000 fr.; 0,9375 p. 100 de 700.000 à 1 million; 0,625 p. 100 de 1 à 2 millions; 0,3125 p. 100 de 2 à 5 millions; 0,15625 p. 100 au-dessus.

Sur l'actif brut, rapports non compris, déduction faite des lots particuliers.

Minimum : 30 fr.; sauf Bordeaux : 20 fr.; Montpellier, Nîmes, Orléans : 24 fr.; Poitiers : 40 fr.

Seine : *Volontaire*, 1,40 p. 100 de 1 à 500.000 fr.; 0,625 p. 100 de 500.000 à 1 million; 0,275 p. 100 de 1 à 3 millions; 0,1375 p. 100 de 3 à 20 millions; 0,06875 p. 100 au-dessus. — *Judiciaire*, 1,40 p. 100 de 1 à 300.000 fr.; 0,625 p. 100 de 300.000 à 600.000 fr.; 0,275 p. 100 de 600.000 à 1 million; 0,1375 p. 100 de 1 à 20 millions; 0,06875 p. 100 au-dessus. — Les honoraires sont perçus sur l'actif attribué déduction faite du montant des rapports dus par les héritiers en vertu d'actes authentiques et de tout le passif autre que les frais.

Colmar : 2,25 p. 100 de 1 à 20.000 fr.; 1,75 p. 100 de 20.000 à 50.000 fr.; 1,50 p. 100 de 50.000 à 200.000 fr.; 0,70 p. 100 de 300.000 à 400.000 fr.; 0,625 p. 100 de 400.000 à 800.000 fr.; 0.3125 p. 100 au-dessus. — Perception *comme* Seine.

Les honoraires pour la cour d'Alger n'ont pas été modifiés.

B. *Liquidation sans partage* (*La suite sans modifications*).

1026. Honoraires. — Certificat de propriété. — *Adde in fine.* — Les certificats de propriété, concernant les rentes] sur l'État ou les titres nominatifs de société française, dressés en conformité de la loi du 26 mars 1927 comme conséquence des attributions faites dans la liquidation. donnent lieu à un honoraire de 0.40 p. 100 calculé sur la valeur des titres (Décret 9 mai 1928, art. 24, § 3, Pratique notariale, R. 22296.

1192. Petit-fils héritier de son chef. Imputation. — Lorsqu'un petit-fils vient de son chef à la succession de son grand-père et qu'il se trouve par suite, dispensé d'effectuer le rapport des biens donnés à son père par le *de cujus*, ces biens doivent s'imputer sur la quotité disponible de la succession malgré la disposition du testament du donateur imposant à son petit-fils l'obligation d'imputer cette donation sur la réserve, une telle disposition étant dénuée d'efficacité comme contraire aux règles d'ordre public concernant le calcul et l'imputation de la réserve et du disponible (T. Pontoise, 13 février 1929, R. 22060).

1210. Prêt au mari. — Femme successible. — Jugé qu'un héritier, marié sous le régime de la communauté, doit rapporter à la succession à laquelle il est appelé les sommes qu'il a empruntées personnellement au *de cujus* ainsi que la totalité de celles qu'il a empruntées solidairement avec son conjoint; mais que la femme successible ne doit pas, tant que dure la communauté, le rapport des sommes prêtées personnellement à son mari par le défunt, le rapport ne pouvant être dû en ce cas que si la communauté est déjà dissoute et si la femme l'a acceptée; peu importe que le prêt ait été fait au mari en considération de la femme (Tr. Boulogne-sur-Mer, 24 avril 1925, R. 21195).

1278. Rapport à succession. — Assurances sur la vie. — Jugé cependant que le rapport de la prime unique importante payée par un assuré pour constituer une assurance sur la vie au profit de deux de ses successibles n'est pas dû par les héritiers bénéficiaires de la police, lorsqu'il résulte des circonstances de fait que le *de cujus* a entendu les en dispenser, bien que cette dispense n'ait pas été formulée d'une façon expresse (T. Le Havre, 11 juillet 1925, R. 21093).

1328. Rapport à succession. — Frais de nourriture, d'entretien et d'éducation. — Si, en principe, les frais de nourriture, d'entretien et d'éducation, faits par le père pour son fils, ne sont pas soumis au rapport à succession, il en est autrement, et le rapport est dû, si le défunt a manifesté la volonté d'obliger le successible au rapport, ce qui résulte notamment du fait qu'il a tenu ou carnet relatant minutieusement les dépenses et avances faites pour son fils, alors surtout que ces dépenses s'élevaient à des sommes importantes (Cass. req., 29 juin 1921, R. 20124).

1347. Rapport des dettes. — Prescription. — A partir de l'ouverture de la succession, la dette dont un des cohéritiers était tenu envers le *de cujus* change de nature; elle est soumise, non plus à l'action en paiement, mais à l'action en rapport qui est imprescriptible tant que dure l'indivision; en conséquence, le cohéritier débiteur dont la dette n'était pas encore prescrite au jour du décès de son auteur, n'est pas fondé à opposer la prescription libératoire, même si, au cours de l'indivision, le temps requis pour prescrire s'est trouvé accompli (Seine, 22 mai 1926, R. 21339).

1361. Rapport de fruits antérieurs au décès. — *Adde in fine :* Il a été jugé dans le même sens que l'on doit réputer nulle et non écrite la clause d'une donation faite par un père à son fils par contrat de mariage, imposant au donataire l'obligation de rapporter à la succession du donateur les intérêts de la somme donnée à compter du jour du contrat; en conséquence, malgré cette clause, après le décès du père, le fils est tenu de rapporter seulement les intérêts courus depuis le décès (T. Marseille, 17 janvier 1925, R. 20933).

1400. Rapport en moins prenant. — Valeur. — Contrairement à la doctrine à peu près unanimement admise, il a été décidé que le rapport en moins prenant d'un immeuble donné avec dispense de rapport en nature doit se faire d'après la valeur de l'immeuble au jour de l'ouverture de la succession et non d'après la valeur au jour du partage (Bourges, 20 novembre 1923, R. 20500). Jugé qu'on doit considérer comme valable la clause d'une donation de valeurs mobilières par laquelle le donateur prescrit que le montant du rapport fictif, dû à sa succession en raison de cette donation, pour le calcul du disponible, sera d'une somme déterminée, égale à la valeur des titres au jour de la donation, alors du moins qu'eu égard aux circonstances, cette clause peut être interprétée comme impliquant de la part du disposant l'intention de donner une somme d'argent en paiement de laquelle des valeurs mobilières ont été remises au donataire; en conséquence, le rapport fictif doit être opéré pour la somme ainsi fixée, même si, par suite de la baisse des cours, les titres ont diminué de valeur au moment du décès (Seine, 17 avril 1924, R. 20845).

1405. Effets de la stipulation du rapport en moins prenant. — Plus-value. — Le successible auquel un ascendant a, par contrat de mariage, fait donation d'un immeuble en avancement d'hoirie, avec dispense de rapport en nature et avec stipulation que le gratifié devrait rapporter une somme déterminée à laquelle le donateur a déclaré fixer d'une manière invariable le montant du rapport en moins prenant, est tenu seulement, malgré la plus-value acquise par l'immeuble au moment du décès, de rapporter la somme fixée au contrat de mariage, et il est en droit de conserver l'excédent dans les limites de la quotité disponible (Rouen, 3 juillet 1925, R. 21340, infirmant T. Bernay, 5 novembre 1924, R. 20827).

1453. Enfant adoptif. — *Adde in fine :* En conséquence, l'enfant adoptif est fondé à demander la réduction des donations entre vifs, consenties par l'adoptant lorsqu'elles portent atteinte à sa réserve, même si elles sont antérieures à l'adoption (T. Bourg, 21 juillet 1927, R. 21577).

1458. Réserve. — Héritiers renonçants. — La cour de cassation, par un arrêt du 23 juin 1926, (rendu par la Chambre civile (R. 21231) et rejetant le pourvoi formé contre un arrêt de la cour de Paris du 1er mai 1923 (R. 20451), a maintenu la jurisprudence suivant laquelle les héritiers réservataires renonçants doivent être comptés pour le calcul de la quotité disponible; il s'agissait, dans l'espèce, de la renonciation par le grand-père héritier réservataire de son petit-fils mineur et elle a décidé que la renonciation par le grand-père ne saurait avoir pour conséquence d'augmenter la quotité dont le mineur a pu disposer par testament.

1573. Donation avec charges. — Pour déterminer si une donation préciputaire consentie sous diverses charges excède ou non la quotité disponible, il faut estimer la valeur des charges imposées au donataire et déduire cette valeur de celle des biens donnés, l'excédent seul devant être considéré comme une libéralité ; dans le cas spécialement où les charges comportent, outre le paiement de diverses dettes, l'obligation de soigner le donateur et de le faire inhumer, il ne saurait être soutenu que cette obligation ne constitue pas une charge véritable en raison de ce que le donataire, descendant du donateur, se trouvait tenu de l'obligation alimentaire envers ce dernier tant comme descendant qu'en sa seule qualité de donataire, l'obligation alimentaire légale, aussi bien que l'obligation alimentaire pouvant dériver de la donation, n'existant que si les ascendants donateurs sont dans le besoin (T. Lille, 5 mai 1928 R. 22039).

1625. Réserve. — Biens en nature. — Le légataire de corps certains, dont la valeur excède la quotité disponible, n'est pas fondé à prétendre conserver en nature les biens légués en offrant de compléter la réserve au moyen d'une somme d'argent (T. Pontoise, 4 février 1928, R. 22026).

1627. Ibid. — Usufruit et nue propriété. — Dans le cas où un testateur ayant un héritier réservataire a fait à un tiers un legs en nue propriété dont il a laissé l'usufruit à son héritier, il y a lieu, pour apprécier si l'héritier est rempli de sa réserve, de comprendre dans le calcul de l'émolument qu'il reçoit, la valeur estimative de l'usufruit qu'il conserve et c'est dans le cas seulement où il ressortirait de ce calcul une atteinte à la réserve que le réservataire pourrait agir en réduction ; si l'héritier réclame sa réserve en pleine propriété, il ne peut prétendre conserver, en outre, l'usufruit qui lui a été légué et, dès lors, la quotité disponible doit, en ce cas, être abandonnée en pleine propriété au légataire de nue propriété (Dijon, 22 mai 1928, R. 21771).

1645. Option. — Indivisibilité. — Lorsqu'un testateur, ayant des enfants d'un premier mariage, a légué à sa seconde femme, l'usufruit d'une maison et que cette libéralité excède le disponible de l'art. 1098 C. civ., les enfants doivent, en raison du caractère indivisible de l'usufruit légué, se mettre d'accord pour exercer l'option, prévue par l'art. 917 C. civ., entre l'abandon du disponible en propriété et l'exécution de la libéralité en usufruit ; à défaut d'entente entre eux, il appartient aux tribunaux de prescrire la solution qui s'impose et dans le cas notamment où un seul des héritiers sur trois refuse de faire l'abandon du disponible, cet abandon doit être ordonné (Paris, 27 avril 1928, R. 21830).

1676. Vente sous réserve d'usufruit. — Rapport en moins prenant. — Le rapport, dû en vertu de l'art. 918 C. civ., de tout ce qui excède la quotité disponible dans l'immeuble aliéné sous réserve d'usufruit au profit de l'un des successibles en ligne directe, doit être effectué non pas en nature, mais en moins prenant ; il en est spécialement ainsi dans le cas où l'auteur de l'aliénation avait déjà disposé de toute la quotité disponible par une institution contractuelle antérieure à la vente (Pau, 17 février 1927, R. 21425. Voir aussi Riom, 5 juin 1929, R. 22215).

1706. Rapport fictif. — Legs. — Époque d'estimation. — Décidé que l'héritier réservataire au préjudice duquel le *de cujus* a disposé de tous ses biens par testament est copropriétaire, du jour de l'ouverture de la succession, d'une quote-part indivise des biens légués, tous les legs se trouvant caducs pour la portion excédant le disponible ; dès lors, comme tout copropriétaire, il bénéficie de l'augmentation de valeur des biens indivis survenue depuis le décès, et le partage de ces biens entre lui et les légataires doit s'effectuer d'après leur état et leur valeur au moment du partage, sans qu'un légataire particulier soit fondé à prétendre que, pour le calcul de la réduction, les biens doivent être estimés au jour du décès (Cass. civ., 14 janvier 1925, R. 20846).

1707. Licitation. — En cas de legs de corps certains excédant la quotité disponible, il s'établit, sur les biens légués, une indivision entre le légataire et l'héritier réservataire et, dès lors, il y a lieu de liciter ces biens pour parvenir au règlement de la succession (T. Pontoise, 4 février 1928, R. 22026-II).

1718. Donation entre époux. — Les donations de biens à venir consenties entre époux pendant le mariage ne sauraient, malgré leur caractère révocable, être assimilées à des legs au point de vue de la réduction ; en conséquence, une légataire institué par un testament postérieur à la donation consentie par le *de cujus* au profit de sa femme ne saurait prétendre que la donation et le legs doivent être réduits proportionnellement ; le legs doit être réduit avant la donation entre époux, alors surtout que le testateur a spécifié que la légataire ne bénéficierait de son legs qu'après le décès de sa veuve (Paris, 20 octobre 1926, R. 21516).

1761. Quotité disponible. — Mineur. — Guerre. — *Adde in fine :* Toutefois si un mineur est appelé sous les drapeaux pour une campagne de guerre, il peut, pendant la durée des hostilités, disposer de la même quotité que s'il était majeur, en faveur de l'un quelconque de ses parents ou de plusieurs d'entre eux jusqu'au 6e degré inclusivement ou encore en faveur de son conjoint (C. civ. 904 ; loi 28 octobre 1916). Cette disposition n'est pas applicable au mineur qui a contracté un engagement militaire, sans que cet engagement ait eu pour but immédiat de prendre part à une campagne de guerre, même si postérieurement il a été envoyé en expédition contre un pays en guerre avec la France, alors surtout que son testament a été fait antérieurement à son affectation à l'armée d'opérations (T. Privas, 20 mai 1926, R. 21171).

1772. Quotité disponible. — Mineur. — Père légataire universel. — Collatéraux. — Il a été jugé, conformément à l'opinion admise au n° 1772, que dans le cas où un mineur a institué son père comme légataire universel et qu'il a laissé dans l'autre ligne un oncle maternel, ce dernier a droit seulement au quart de la succession et le père a droit aux trois quarts (T. Privas, 20 mai 1926, R. 21171).

1834. Quotité disponible entre époux. — Enfant adoptif. — Conformément à l'opinion soutenue au n° 1834, la Cour de cassation, ch. civ., par arrêt du 11 décembre 1922 (R. 20679) a décidé que l'enfant adoptif ne saurait, à l'égard du conjoint que l'adoptant a épousé postérieurement à l'adoption, être assimilé à un enfant d'un précédent mariage et qu'en conséquence, il n'est pas fondé à faire réduire à la quotité fixée par l'article 1098 C. civ. le disponible dont peut disposer l'adoptant en faveur de son conjoint.

1920. Opposition à partage. — Créance incertaine. — Une opposition à partage ne peut être pratiquée qu'en vertu d'une créance certaine ; dès lors, celle qui est formée en vertu d'une créance dont l'existence éventuelle dépend des résultats d'un compte à établir, n'est pas recevable tant que le compte n'est pas réglé (T. Rouen, 16 février 1926, R. 21201).

2169. Partage transactionnel. — Mineur. — Le partage d'une succession dans laquelle sont intéressés des mineurs ne peut avoir lieu sous forme de transaction, conformément à l'article 467 C. civ., qu'autant qu'il existe des difficultés réelles entre les cohéritiers ; par suite, l'homologation d'un partage transactionnel doit être refusée s'il n'est pas justifié de causes sérieuses de litige; spécialement ne sauraient être considérées comme des difficultés réelles des contestations portant sur des questions de rapport ou de répartition de revenus échus n'intéressant pas directement les mineurs (Paris, 29 janvier 1923, R. 20384).

2261. Demande en partage. — Héritier bénéficiaire. — L'héritier sous bénéfice d'inventaire a le droit de former une demande en partage de biens indivis entre la succession bénéficiaire et des tiers étrangers à cette succession (Cass. req., 27 avril 1922, R. 20227).

2295. Demande en partage. — Failli. — Lorsque, parmi les cohéritiers appelés à recueillir une succession, l'un d'eux est en état de faillite, le syndic a seul qualité pour figurer dans les opérations de partage au nom du failli et, dès lors, celui-ci ne doit pas être personnellement mis en cause (T. Dieppe, 28 juin 1923, R. 20428).

2308. Partage judiciaire. — Tribunal compétent. — En vertu de l'article 882 C. civ. modifié par la loi du 15 mars 1928 (*Lég.* 1928, p. 56), l'action en partage et toutes les contestations au cours du partage sont, à peine de nullité, soumises au seul tribunal du lieu de l'ouverture de la succession

2357. Notaire commis. — Bien que la désignation du notaire chargé de procéder aux opérations d'un partage judiciaire soit, en principe, de la compétence exclusive du tribunal de première instance, la cour d'appel n'excède pas ses pouvoirs lorsque sa décision se borne à maintenir la désignation précédemment faite par le tribunal (Cass. req., 31 mai 1923, R. 20612).

2381. Refus du notaire de procéder. — Le notaire, judiciairement commis pour procéder à une liquidation, ne peut être remplacé par simple ordonnance de référé qu'au cas d'empêchement; en conséquence, doit être déclarée inopérante l'ordonnance qui a remplacé le notaire commis pour une liquidation après divorce alors qu'il n'existait pas d'empêchement et que le notaire avait seulement commencé par déclarer qu'il ne voyait pas l'utilité d'une liquidation (Paris, 19 décembre 1923, R. 20772).

2382. Remplacement du notaire. — Le retard, apporté à l'établissement d'une liquidation, ne saurait motiver, de la part de l'un des héritiers, une demande en remplacement du notaire commis, alors que celui-ci a été dans la nécessité, pour retrouver des valeurs dépendant de la succession, de se livrer à des investigations difficiles que l'héritier demandeur s'est abstenu systématiquement de faciliter (Seine, 15 mai 1924, R. 20732). De même, une femme divorcée ne saurait être admise à demander le remplacement du notaire commis par le tribunal pour procéder à la liquidation après divorce, sous le prétexte que cet officier public, étant le notaire de la famille du mari, ne présente pas de suffisantes garanties d'impartialité, alors d'ailleurs que le divorce a été prononcé au profit du mari et que le notaire a été commis conformément au règlement de la chambre de discipline de l'arrondissement attribuant, en ce cas, la liquidation au notaire de l'époux qui a obtenu le divorce en sa faveur (Rennes, 12 mars 1925, R. 21063).

2384. Non expertise. — Le tribunal qui ordonne un partage ou une licitation peut décider qu'il y sera procédé sans expertise préalable, même s'il y a des mineurs en cause : dans ce cas, la loi abandonne l'opportunité de la mesure d'expertise au pouvoir discrétionnaire du tribunal saisi de l'action en partage (Cass. civ., 10 janvier 1927, R. 21380).

2428. Notaire commis. — Recherches. — Le notaire commis pour dresser une liquidation n'est pas de plein droit chargé de faire des recherches dans les banques et chez les agents de change en vue d'établir la consistance de l'actif héréditaire; il doit, dès lors, s'en abstenir quand les parties ou l'une d'elles refusent de lui donner cette mission et il ne saurait être autorisé à prélever sur la masse les fonds nécessaires pour ces investigations; dans ce cas, après avoir laissé un délai raisonnable aux intéressés pour recueillir eux-mêmes et lui soumettre les justifications concernant l'actif partageable, il doit procéder aux opérations de liquidation et de partage d'après les renseignements qui lui ont été fournis (Paris, 19 octobre 1927, R. 21678-I).

2443. Difficultés. — Enquête du notaire. — Décidé que le notaire liquidateur, alors qu'il n'a pas reçu mission spéciale à cet effet, n'a pas qualité pour décider, d'après son enquête personnelle, que les énonciations d'un contrat de mariage relatives à des apports sont contraires à la vérité et pour refuser en conséquence de faire état de la reprise qui devrait résulter de ces énonciations (Paris, 28 avril 1924, R. 20698).

2512. Formation des lots. — En cas de partage judiciaire où sont intéressés des incapables, les lots doivent obligatoirement être formés par un expert désigné par le juge commissaire : le notaire liquidateur n'a pas qualité même pour former les lots de mobilier (Cass. civ., 18 janvier 1927, R. 21365).

2665. Appel. — Demande nouvelle. — Une demande nouvelle peut être formée pour la première fois devant la cour d'appel, alors qu'elle se rattache aux bases mêmes de la liquidation (Cass. civ., 20 avril 1928, R. 21820).

2776. Garantie. — Éviction. — Indemnité. — Époque d'estimation. — Contrairement à l'opinion admise par la doctrine, il a été jugé que l'indemnité, due à un copartageant évincé d'un immeuble mis dans son lot, doit être calculée d'après la valeur de l'immeuble au jour du partage et non au jour de l'éviction (T. Rouen, 25 mai 1925, R. 20983).

2903. Prescription. — Action en rescision. — La prescription de l'action en rescision d'un partage pour cause de lésion commence à courir à partir de l'acte qui a effectivement mis fin à l'indivision, peu importe que les parties aient passé ultérieurement un nouvel acte sur le même objet, alors que ce nouvel acte ne constituait qu'un simple expédient fiscal qui, dans l'intention des parties, devait demeurer sans influence sur les attributions contenues dans l'acte originaire (Cass. civ., 23 février 1921, R. 19916).

TROISIÈME PARTIE

DES DROITS D'ENREGISTREMENT.

3010. Acte de notoriété. — Le droit fixe perçu sur les actes de notoriété a été porté à 22 fr. 50 (Décret 3 août 1926, art. 2).

3016. Acceptation de succession. — Le droit fixe a été porté à 22 fr. 50 pour les acceptations de succession par acte notarié et 33 fr. 70 pour celles par acte au greffe (Décret 3 août 1926, art. 2).

3024. Conversion d'usufruit en rente viagère. — Cet acte est soumis au droit fixe de 22 fr. 50 (Décret 3 août 1926, art. 2).

3025. Enfant naturel. — **Déclaration.** — Le droit fixe a été porté à 22 fr. 50 (Décret 3 août 1926, art. 2).

3026. Compte de bénéfice d'inventaire. — Ce compte est assujetti au droit fixe de 22 fr. 50 (Décret 3 août 1926, art. 2).

3034. Dation en paiement. — La dation en paiement, si elle porte sur des objets ou marchandises, donne lieu à la perception du droit de 6,60 p. 100 avec les décimes.

3035. Abandon de biens. — L'abandon de biens par l'héritier bénéficiaire est soumis au droit fixe de 56 fr. 20 (Décret 3 août 1926, art. 2).

3037. Renonciation à bénéfice d'inventaire. — Le droit fixe a été porté à 22 fr. 50 (Décret 3 août 1926, art. 2).

3074. Droit de soulte. — Le droit a été porté pour les biens meubles à 5,50 p. 100 plus deux décimes soit 6,60 p. 100 (L. 13 juillet 1925, art. 43, 22 mars 1924, art. 3), et pour les immeubles à 15 p. 100 plus la taxe complémentaire à 7 p. 100 s'il s'agit d'une première mutation (L. 4 avril 1926, art. 3, 30 août 1926, art. 18). Mais le droit de mutation a été réduit à 12 p. 100 (L. 31 juillet 1929, art. 2), et la taxe de première mutation à 5 p. 100 (L. 31 juillet 1929, art. 3), puis à 3 p. 100 (L. 16 avril 1930, art. 12).

3075. *Ligne 3 et ligne 4, p. 554 au lieu de* 4 et de 5 p. 100, *mettre* 6,60 et 15 p. 100 *et ligne 3 au lieu de* sans décimes, *mettre* avec deux décimes.

3079. *Ligne 4, au lieu de* 4 p. 100 *mettre* 15 p. 100.

3084. *Ligne 4, au lieu de* 9 fr., *mettre* 33 fr. 50.

3086. *Ligne 6, au lieu de* sans adjonction de décimes, *mettre* avec deux décimes.

3087. *Adde in fine.* Ce droit est soumis à deux décimes (L. 22 mars 1924, art. 3).

3089. *Modiser ainsi ligne 2 et 3,* d'après le tarif de 6,60 p. 100 sur les meubles et de 12 p. 100 sur les immeubles, *et ligne 7, au lieu de* 8 p. 100, *mettre* 12 p. 100.

3090. *Ligne 4, au lieu de* 5 p. 100, *mettre* 9 p. 100.

3091. *Ligne 5, au lieu de* 5 p. 100, *mettre* 6,60 p. 100.

3092. *Adde in fine.* Actuellement le droit est dans tous les cas de 12 p. 100.

3098. Expertise. — Procédure. — L'expertise est soumise aux prescriptions de la loi du 13 juillet 1925, art. 57 à 59.

3119. *Ligne 6, au lieu de 6 fr., mettre* 22 fr. 50.

3121. Transcription. — Les soultes donnent lieu au même droit que les ventes : par conséquent s'il s'agit d'immeuble, le droit de transcription s'y trouve compris.

3122. *Ligne 5, au lieu de 6 fr., mettre* 22 fr. 50.

3123. *Ligne 3, au lieu de 6 fr., mettre* 22 fr. 50.

3124. *Ligne 4, au lieu de 6 fr., mettre* 22 fr. 50.

3126. *Lignes 19 et 22, au lieu de 6 fr., mettre* 22 fr. 50.

3131. *Ligne 5, au lieu de 6 fr., mettre* 22 fr. 50.

3135. *Ligne 8, au lieu de 6 fr., mettre* 22 fr. 50.

3137. *Ligne 5, au lieu de 6 fr., mettre* 22 fr. 50.

3141. *Ligne 3, au lieu de 6 fr., mettre* 22 fr. 50.

3142. *Ligne 5, au lieu de 6 fr., mettre* 22 fr. 50.

3145. *Ligne 4, au lieu de 6 fr., mettre* 22 fr. 50.

3150. *Ligne 7, au lieu de 3 fr., mettre* 22 fr. 50.

3151. *Ligne 3, au lieu de 3 fr., mettre* 22 fr. 50.

3152. P. 570, *ligne 2, au lieu de 6 fr., mettre* 22 fr. 50.

3159. *Ligne 11, au lieu de 8 p. 100, mettre* 12 p. 100.

3190. *Ligne 5, au lieu de 6 fr., mettre* 22 fr. 50.

3210. Licitation. — Droit de transcription. — Les soultes de partage et les licitations d'immeubles sont assujetties au même droit que les ventes d'immeubles.

3220. *Ligne 6, au lieu de 6 fr., mettre* 22 fr. 50.

3221. p. 586, *Ligne 1, au lieu de 6 fr., mettre* 22 fr. 50.

3226. Cession de droits successifs. — La cession de droits successifs lorsqu'elle porte sur des immeubles donne lieu à la perception du droit de 12 p. 100.

3236. *Ligne 3 au lieu de 1 p. 100, mettre* 2,50 plus deux décimes (L. 13 juillet 1925, art. 40, § 1, 22 mars 1924, art. 3).

3242. *Lignes 5 et 17 au lieu de 5 p. 100, mettre* 8 p. 100.

3243. *Ligne 3, au lieu de 5 p. 100, mettre* 8 p. 100.

3246. *Ligne 3, au lieu de 8 p. 100, mettre* 12 p. 100, *et ligne 6, au lieu de 5 p. 100 à l'égard des objets mobiliers et fonds de commerce, mettre :* 6,60 p. 100 à l'égard des objets mobiliers et 8 p. 100 sur le fonds de commerce.

3271. *Ligne 3, au lieu de 1 p. 100 sans décimes, mettre* 1 p. 100 plus deux décimes.

3279. *Ligne 12, après 0,25 p. 100, ajouter* avec les décimes 0,375 p. 100.

3280. *Ligne 3, au lieu de 0,20 p. 100, mettre* 0,50 p. 100.

3287. *Ligne 3, au lieu de 1 p. 100 mettre* 0,50 p. 100.

3927. P. 829. *Ligne 2, à modifier ainsi :* d'une amende de 9 p. 100 du montant du titre ne pouvant être inférieur à 180 fr. décimes compris et d'une amende également de 180 fr. contre l'officier public (L. 28 décembre 1895, art. 5, 13 juillet 1925, art. 52).

3976. P. 903. *Ligne 1, au lieu de 3 fr., mettre* 22 fr. 50.

FORMULES

Form. 1, 2, 3, 4, 5, 8, 9, 10, 35, 36, 37, 38, 39, 40, 41, 42, 43, 44, 49, 51, 54, 55, 56, 60, 62, **63,** 65, 71, 72, 80, 85, 86, 87, 88, 89, 90, 91, 92, 94, 95, 96, 99, *aux mots* Enregistrement, *au lieu de* 6 fr., *mettre* 22 fr. 50.

Form. 46, p. 772. *Au mot* Enregistrement, *au lieu de 6 fr., mettre* 22 fr. 50 *et au lieu de* 15 fr., *mettre* 56 fr. 20.

Form. 61, p. 756. *Au mot* Enregistrement, *au lieu de* 8 p. 100 sur la soulte, *mettre* 12 p. 100 **sur la** soulte plus, s'il y a lieu, taxe complémentaire de première mutation de 3 p. 100.

Form. 64, p. 794. *Au mot* Enregistrement, *au lieu de* : droit 8 p. 100 sur la soulte, *mettre :* droit de 12 p. 100 sur la soulte.

Form. 67, p. 815. *Au mot* Enregistrement, *modifier ainsi :* droit de 12 p. 100 sur la soulte et, s'il y a lieu, taxe complémentaire de première mutation de 3 p. 100 et droit de 22 fr. 50 pour pouvoir.